Doris Eisenburger

Die Mondscheinsonate

Eine Geschichte zur
Klaviersonate von
Ludwig van Beethoven

annette betz

Wie jeden Abend geht Herr Beethoven spazieren. Sein Arzt hat ihm Ruhe auf dem Land empfohlen. Dafür sind die Ferien auf dem Schloss seiner Freunde mit dem herrlichen Schlosspark genau das Richtige.
Er liebt die Natur. Sie lässt ihn manchmal vergessen, dass er schon seit ein paar Jahren nicht mehr gut hört. Hier aber hat er das Gefühl, dass jeder Baum, jede Pflanze zu ihm spricht oder für ihn klingt. Es ist eine dieser magischen, lauen Frühlingsnächte, erhellt von Sternen und Glühwürmchen. Über der sanften hügeligen Landschaft schwebt groß und rund der Vollmond. Der Musiker durchquert den Schlosspark mit seinen alten, knorrigen Bäumen. Im Hintergrund kann man schon den See im Mondlicht glitzern sehen, da hört er von fern eine leise Musik. Woher kommen diese sanften Töne?

Dort, auf der großen Wiese bei dem kleinen See, ist heute Frühlingsnachtfest und Wiesenkonzert. Alle sind gekommen: Familie Schneck ist vom anderen Ende der Wiese angereist, es war ein langer Weg. Frau Maus ist mit ihrer großen Verwandtschaft erschienen. Marienkäfer, Maikäfer, Borkenkäfer, Mistkäfer und viele andere kleine und größere Wiesenbewohner sind mit von der Partie. Ja, sogar Herr Maulwurf hat aufgehört zu graben und ist aufgetaucht, um sich dieses Ereignis nicht entgehen zu lassen.

Die Zuschauer haben es sich in vorderster Reihe bequem gemacht und die Königin des Sees, die Libelle, thront auf ihrem Logenplatz, während die Glühwürmchen für Festbeleuchtung sorgen. Nachdem der tosende Applaus für das Grillenquartett verklungen ist, wird es nun mucksmäuschenstill, denn alle schauen wie gebannt zu der kleinen Bühne auf dem See.

Der große, berühmte Pianist Luigi sitzt dort am Flügel und spielt die ersten zarten Töne seiner Klaviersonate.

6

Langsam und feierlich klingen die Töne über den See. Es ist das *Adagio sostenuto*, der erste Satz. Mit der linken Hand schlägt Luigi die tiefen Oktaven an, und mit der rechten die begleitenden drei Töne, die sogenannten *Triolen*. Sie werden sanft und ohne Unterbrechung gespielt, man nennt das gebunden oder *legato*. Während er den ersten Satz spielt, drückt Luigi dabei mit seinem Fuß das rechte Pedal, dadurch hallen die Töne nach und verweben sich geisterhaft ineinander.

 Plötzlich, hinter den Schilfhalmen hervor, gleiten Blattgondeln langsam und majestätisch über den See. Darin sitzen anmutige Nachtfalter und die kleinen Gondolieri ziehen mit langen Grashalmrudern Pirouetten durch das Wasser.

8

Sie bewegen die schlanken Boote im Kreis, lassen sie
zueinander und wieder voneinander weggleiten.
Es ist ein reizendes Gondelballett.
»Das ist ja bezaubernd«, raunt die Erdkröte
ihrem Mann zu. Heute Abend sieht sie
besonders elegant aus.
»Das wäre etwas für mich.«
Ihr Gatte aber sieht sie
nur etwas ratlos an und
denkt sich seinen Teil.

Gebannt lauschen und staunen die Zuschauer.
Die Königin ist gerührt, und während Herr Maulwurf einschlummert, verdrückt
Frau Ameise leise eine Träne. Sie muss gerade an ihr erstes Rendezvous denken,
aber das ist nun schon lange her. Es war sooo romantisch.
Luigi hat natürlich viele glühende Verehrerinnen, auch das Maikäferfräulein
Giulietta muss zugeben, dass sie sehr beeindruckt ist. Wenn sie wüsste, dass Luigi
in diesem Moment gerade an sie denkt …

Mit zwei Schlussakkorden, die ein bisschen an eine Kirchturmglocke erinnern,
verschwinden die Blattgondeln wieder wie von Zauberhand hinter den
Schilfgräsern.

𝄞 6–8

Als Herr Beethoven, tief in Gedanken versunken, seinen Spaziergang auf den
Spuren der Musik fortsetzt, schiebt sich der Mond durch die Zweige der alten
Eiche und öffnet den Blick auf die große Wiese und den See, in dem er sich
hell und klar widerspiegelt.

Hat sich Herr Beethoven getäuscht oder ist da eine leichte Bewegung auf der
Wasseroberfläche zu erkennen? Das können doch keine Regentropfen sein?
Oder sind es Fische, die nach Insekten schnappen? Er muss sich die Augen reiben.

Das Publikum des Wiesenkonzertes klatscht begeistert Beifall. Frau Schneck ist ganz aus dem Häuschen und alle sind tief beeindruckt. Da kommen auch schon mit lebhaften Sprüngen und Tönen fünf Elfen über das Wasser geschwebt. Sie halten sich an den Händen und tanzen ein kleines Menuett im Dreivierteltakt, es ist das *Allegretto*, der zweite Satz.

Sie berühren dabei grazil mit ihren zarten Füßen das Wasser. So entsteht ein wunderschönes Muster aus Kreisen. Diese kleinen, zauberhaften Wesen sind so leicht, dass sie dabei auf der Wasseroberfläche hüpfen und sich mit den Füßen abstoßen können. Genauso wie sich Luigis Finger an den Tasten abstoßen. Man nennt das *stakkato*.

 »Entzückend«, quakt die Erdkröte, und probiert es gleich auch einmal. Dem Krötenmännchen verschlägt es die Sprache.

Die Königin des Sees nickt den Elfen vornehm zu und erteilt die Erlaubnis zum Tanz für alle Wiesen- und Wasserbewohner.

Das lässt sich die Kröte nicht zweimal sagen. Sie schnappt sich ihren verdutzten Mann und walzt mit ihm von Seerosenblatt zu Seerosenblatt. Die Grashüpfer zeigen große artistische Sprünge, Saltos und Flickflacks von Grashalm zu Grashalm. Die Nachtfalter flattern von Blume zu Blume und die Käfer hüpfen von Blatt zu Blatt. Alle wiegen sich im Takt, bis die Musik langsam verklingt. Nur Herr Maulwurf schläft nun tief und fest.

11–12

Herr Beethoven mag seinen Augen und Ohren kaum trauen. Hat er sich das alles nur eingebildet? Oder hat dieses kleine Spektakel hier wirklich gerade stattgefunden? Während er den schmalen Weg um den See herumspaziert, kommt plötzlich Wind von Westen auf, sodass er seinen Hut tiefer in die Stirn ziehen muss.
»Es wird doch kein Unwetter geben?«, denkt er.

13

Die Oberfläche des Sees kräuselt sich und eine dunkle Wolke schiebt sich vor den Mond. Die Wasserläufer, die jetzt ihren Auftritt haben, werden immer wieder von kleinen Wellen umgeworfen. Die Fische nutzen die Gunst der Stunde und schnappen nach fetter Beute.

Luigi spielt dramatisch den dritten Satz, das *Presto agitato*. »Presto agitato« bedeutet schnell und aufgeregt. Luigi wiederholt dabei die Triolen des ersten Satzes, nur spielt er die Noten viel schneller.

Flink gleiten seine Finger über die Tasten. Nacheinander flitzen sie über einzelne Töne von mehreren Oktaven und Akkorden hinweg. Es ist so, als ob er eine Tonleiter sehr schnell rauf und runter spielt. Diese beidhändigen *Arpeggios* enden mit einem doppelten Stakkato-Akkord.

Er spielt so kraftvoll und leidenschaftlich und ist so sehr in seinem Element, dass er nicht merkt, was um ihn herum vorgeht.

21

Familie Schneck und die Mäuse drehen sich rasant im Kreis, während das Krötenmännchen nach Luft ringt. Ihm ist ganz schön schwindlig, weil seine Frau ihn gehörig herumgewirbelt hat. Auch die Königin des Sees wird unruhig, denn ihr Logenplatz schaukelt gewaltig.

Der Wind bringt die zarten Flügel der Nachtfalter ziemlich durcheinander und lässt die Käfer von den Blättern purzeln. Er pustet die Lichter der Glühwürmchen aus. Die helle Nacht ist plötzlich dunkel geworden. Nur die übermütigen Grashüpfer haben ihren Spaß und lassen sich vom Wind hoch in die Luft tragen.

Vielleicht ist doch besser Vorsicht geboten, denn plötzlich schießt ein großer Schatten über die Wiese.

23

Huch, das war knapp! Schon wieder flattert der große Schatten durch die Luft.
Es ist eine Fledermaus. Sie will auch am Wiesenfest teilnehmen oder vielleicht nur
am Festessen? Da heißt es Beine in die Hand nehmen und flüchten.

 Mit einem gekonnten Sprung rettet sich der Grashüpfer Filippo in letzter Minute
in das Nest der Nachtigall, die zum Glück gerade ausgeflogen ist. Aber hier ist er
auch nicht sicher und sollte schleunigst verschwinden. Schließlich sucht er Schutz
unter einem großen Blatt und hofft, dass die Gefahr bald vorüber ist.

Es wird immer stürmischer und jeder bringt sich so schnell es geht in Sicherheit. Alle suchen ein möglichst windgeschütztes Plätzchen. Die Schnecken haben damit keine Probleme, denn sie tragen ihr Haus immer bei sich.

Luigi spielt in schnellem Tempo weiter und merkt nicht, dass der kunstvolle Musikpavillon aus Schilfrohr, Blumen und Blättern über ihm bedrohlich schwankt. Frau Kröte ruft enttäuscht: »Ist das Fest denn schon zu Ende?«
Da setzt heftiger Regen ein.
Herr Maulwurf ist mit einem Mal hellwach. Das Fest und das Konzert hat er fast ganz verschlafen. Jetzt fragt er sich gähnend, wo all die Wiesenbewohner geblieben sind. Und wo steckt überhaupt seine Schaufel? Da es ihm aber langsam zu nass und zu ungemütlich wird, geht er lieber wieder in seine behagliche Wohnung zurück.

 Nur die Kröte und ihr Mann hüpfen und quaken vor Freude über das herrlich nasse Wetter und Luigi spielt wirbelnd am Flügel die letzten Takte der Klaviersonate.

Herr Beethoven schlägt den Kragen hoch und hält seinen Hut fest, damit er nicht wegfliegt. Er eilt mit schnellen Schritten zum schützenden Schloss.
»Für heute«, denkt er, »ist der Spaziergang beendet.« In seinem Zimmer kann er bald das Naturschauspiel bequemer und trockener anschauen. Er wird diesen wunderbaren Abendspaziergang, seine Stimmung und seine Töne nicht vergessen. Seine Gedanken wandern dabei zu seiner reizenden und begabten Klavierschülerin Fräulein Giulietta Guicciardi. Ob die Musik ihr wohl auch gefallen hätte? Eine Klaviersonate wie eine Fantasie im Mondschein, eine Mondscheinsonate.

 21

Nun wollt ihr bestimmt wissen, ob es wirklich Luigis Klavierspiel und die Darbietungen des Wiesenkonzertes waren, die Ludwig van Beethoven in einer Frühlingsnacht so beeindruckt haben, dass er daraufhin seine berühmte Mondscheinsonate komponiert hat.

Da kann ich euch nur sagen: Man weiß es bis heute nicht genau. Fest steht, dass er sie im Jahre 1801 unter anderem während seines Aufenthalts auf Schloss Korompa komponiert hat. Das Schloss gehörte der mit Beethoven eng befreundeten Familie Brunsvik. Den Schwestern Therese und Josephine Brunsvik sowie deren Cousine Giulietta Guicciardi hat Beethoven Klavierunterricht gegeben. Die Klaviersonate hat er später Giulietta Guicciardi gewidmet. Er nannte sie »Sonata quasi una fantasia« – Sonate wie eine Fantasie.

Erst viel später, nach Beethovens Tod, hat sie den Namen Mondscheinsonate bekommen. Das war die Idee des Dichters und Musikkritikers Ludwig Rellstab, den die ruhige Melodie des 1. Satzes an eine Bootsfahrt im Mondschein erinnert hat. Außerdem war der Name nicht nur sehr hübsch, sondern passte auch sehr gut in die Zeit der Romantik. So nennt man auch die Zeit, in der Ludwig van Beethoven gelebt hat.

Ludwig van Beethoven

Giulietta Guicciardi